📖 주제

· 친구   · 우정   · 의사소통   · 배려

📖 활용 학년 및 교과 연계

초등과정	1-1 통합 봄 1	1. 학교에 가면
	3학년 도덕	1. 나와 너, 우리 함께
		우리가 만드는 도덕 수업 1. 서로 돕는 우리, 함께 자라는 꿈
	4학년 2 사회	3. 사회 변화와 문화의 다양성
		4. 가족의 형태와 역할 변화
	5학년 1 사회	2. 인권 존중과 정의로운 사회

초등 첫 인문철학왕 16
마법의 맛모아 사탕 가게

글쓴이 정순희 | **그린이** 주세영 | **해설** 강재린
기획편집 이정희 | **편집** 김민애 박주원
디자인 문지현 김수인 | **생각 실험 디자인** 이유리

펴낸이 이경민 | **펴낸곳** ㈜동아엠앤비
출판등록 2014년 3월 28일(제25100-2014-000025호)
주소 (03972) 서울특별시 마포구 월드컵북로22길 21, 2층
전화 (편집) 02-392-6901 (마케팅) 02-392-6900 | **팩스** 02-392-6902
홈페이지 www.moongchibooks.com | Ch 뭉치북스 | Instagram 뭉치북스

※ 잘못된 책은 구입한 곳에서 바꿔 드립니다.
※ 이 책에 실린 사진은 셔터스톡, 위키피디아, 게티이미지뱅크(코리아)에서 제공받았습니다. 그 밖의 제공처는 별도 표기했습니다.

 도서출판 뭉치는 ㈜동아엠앤비의 어린이 출판 브랜드로, 아이들의 지식을 단단하게 만들어 주고, 아이들의 창의력과 사고력을 키워 주어 우리 자녀들이 융합형 사고뭉치와 창의뭉치로 성장할 수 있도록 좋은 책을 만들겠습니다.

친구

한국
철학교육
학회
추천도서

글쓴이 정순희 그린이 주세영 해설 한국 철학교육연구원 강재린

마법의 맛모아
사탕가게

맛모아 사탕 가게에 초대합니다!

소중한 친구를 사귀려면?

'질문'의 힘! '생각'의 힘!
'미래 인재'로 가는 힘!

어린이와 학부모님들께 《초등 첫 인문철학왕》을 추천할 수 있어서 매우 기쁩니다. 어린이들이 이 시리즈를 통해 '나'에 대해, 나와 공동체 사이의 소통에 대해, 세상의 이치와 진리에 대해 마음껏 질문하고 생각하기를 바라기 때문입니다. 그렇게 되면 창의적으로 문제를 해결하는 힘 또한 커질 수 있다고 믿기 때문이지요.

'제4차 산업혁명의 시대'라는 말처럼 우리는 모든 것이 혁신적으로 변화하는 시대에 살고 있습니다. 스마트폰, 인공 지능, 첨단 로봇 등 새로운 기술과 지식이 나오는 속도도 이전과 비교할 수 없을 정도로 빨라졌지요. 세상에 넘쳐나는 지식과 정보는 이제 누구나 쉽게 구할 수 있고, 개인의 두뇌에 담아낼 수 있는 용량을 넘어선 지 오래입니다. 결국 이 시대의 아이들에게 필요한 것은 지식보다는 그 지식을 다루는 지혜와 창의성 아닐까요?

7차 교육과정 개정 이후 학교 교육도 이러한 시대 흐름에 맞추어 미래 사회가 요구하는 인문학적 상상력과 과학기술 창조력을 두루 갖춘 창의융합형 인재를 양성하는 것을 목표로 합니다.

'철학'은 '지혜를 사랑하는'이란 뜻을 가진 말입니다. 이 학문은 여러분처럼 모든 것에 호기심 많았던 철학자들로부터 시작됩니다. 아주 오래전부터 인간, 사회, 자연, 우주, 진리 등 다양한 분야에서 다른 사람들보다 더 깊이, 더 많이, 그리고 아주 끈질기게 했던 수많은 질문과 탐구를 하며 만들어졌습니다.

마치 높은 곳에 올라가면 마을 전체를 내려다볼 수 있는 넓은 시야를 얻게 되듯이, 철학을 한다는 것은 하나의 문제를 더 큰 눈으로 볼 수 있게 되는 것이랍니다. 그러면 어떤 점이 좋을까요? 더 넓게 보는 눈, 더 깊이 있게 보는 눈, 다른 사람들이 생각하지 못한 부분들을 상상하고 찾아낼 수 있는 눈이 생깁니다. 또 우리 앞의 문제들을 자신만의 창의적인 방법으로 해결할 수도 있고, 그 문제를 해결하다가 다른 더 큰 문제를 발견하여 미리 처리할 수도 있습니다.

《초등 첫 인문철학왕》은 바로 그러한 생각의 눈을 아주 활짝 열어 줄 것입니다. 주제와 관련된 재미있는 동화, 이와 연결된 깊이 있는 인문 해설과 철학 특강, 창의·탐구 활동 등으로 구성된 시리즈는 아이들이 세상에 넘쳐 나는 지식을 지혜롭게 다루는 힘을 길러서, 문제해결력을 갖춘 창의적 인재로 성장할 수 있게 해 줄 것입니다.

그러니 이 책을 읽으며 여러 분야에서 떠오르는 호기심과 질문들을 혼자만 가지고 있지 말고 친구, 가족과도 나누어 보시길 바랍니다. 모두가 질문하고 생각하는 힘이 생긴다면, 어려운 문제들을 함께 해결해 나가는 공동체를 만들 수 있겠지요?

이 책을 읽는 여러분들 모두, 그런 멋진 공동체를 하나둘 만들어 나가는 지혜로운 미래 인재가 되기를 기대합니다.

이지애 드림
(이화여대 철학과 부교수, 한국 철학교육 학회 회장)

구성과 활용

초등 첫 인문철학왕
이렇게 활용하세요!

생각 실험

생각 실험은 어떤 사실을 알기 위해 여러 가지 실험과 사례를 연구하는 것이에요. 철학이나 자연 과학 분야 등에서 널리 사용되는 방법이에요. 권마다 주제에 관련된 실험, 유명한 인물의 사례 등을 읽으며 상상력과 문제 해결력을 키워 보세요.

만화 & 동화

40권의 인문 철학 주제별로 아이들의 생활 세계 속 이야기, 패러디 동화 등이 다양하게 펼쳐져요. 처음과 중간은 만화, 본문은 그림 동화로 되어 있어서, 재미난 이야기에 푹 빠질 수 있어요.

인문철학왕되기

오랫동안 어린이들과 함께 철학 수업을 연구하고 진행해 온 한국 철학교육연구원 소속 교수와 연구진들이 집필했어요.

소쌤의 철학 특강, 인문 특강, 창의 특강으로 구성되었어요. 주제와 이야기 안에 숨겨진 철학적 문제들에 대해 함께 답을 찾아갈 수 있도록 깊이 있는 토론과 특강, 그리고 재미있는 활동으로 구성되었어요.

난 질문하는 **소크라테스**! 문제를 해결할 수 있도록 도와주지!

난 늘 창의적인 **새롬**이!

난 **뭉치**, 같이 생각하고 토론하지!

난 생각이 깊은 **지혜**!

교과 연계

각 권마다 최신 개정 교과서 단원과 연계되어 교과 학습에 도움이 되도록 구성되었어요. 권별로 확인하세요.

이 책의 차례

추천사 ··· 4
구성과 활용 ··································· 6

생각 실험 대가를 바라지 않은 우정 ··········· 10

만화 전학 온 첫날 ························· 20

혼자는 외로워 ································ 22
- 인문철학왕되기1 　친구는 어떻게 사귀게 되는 걸까?
- 소쌤의 인문 특강 　진정한 친구란 뭘까?

노란 초대장 ·································· 40
- 인문철학왕되기2 　어떤 친구가 좋은 친구일까?
- 소쌤의 철학 특강 　좋은 친구와 우정에 대하여

| 만화 | 밀레와 루소의 우정 | 60 |

무늬만 친구 ……………………………………………… 68
- 인문철학왕되기3 친구와 대화를 잘하려면?
- 소쌤의 인문 특강 관중과 포숙아의 우정

삼각형 작전 ……………………………………………… 88
- 인문철학왕되기4 만일 나라면?
- 쓰기활동 친구 분쟁 재판소

대가를 바라지 않은 우정

영국에 사는 한 귀족의 아들이 시골에 갔다가
수영을 하려고 호수에 뛰어들었습니다.
그러나 발에 쥐가 나서 수영은커녕
물에 빠져 죽을 것 같았습니다.
귀족의 아들은 살려 달라고 소리쳤고,
한 농부의 아들이 아버지와 함께
그를 구해 주었습니다.

귀족의 아들은 자신의 생명을 구해 준
그 시골 소년과 친구가 되어
우정을 키웠습니다.
시골 소년이 초등학교를 졸업하자
귀족의 아들이 물었습니다.

"넌 커서 뭐가 되고 싶니?"
"난 의사가 되고 싶어.
하지만 우리 집은 가난하고 형제가 많아서
비싼 학비를 대 줄 형편이 못 돼."

귀족 아들은 시골 소년을 돕고 싶었습니다.
그래서 소년이 자라 큰 도시인 런던으로
왔을 때 학비에 도움을 주었다고 합니다.
의과 대학을 졸업하고 병원에서 일하던 그는 이후,
전염병을 치료할 수 있는 기적의 항생제
'**페니실린**'을 개발하여 수많은 환자들의
목숨을 구했습니다.

이 사람이 바로 1945년 노벨 생리 의학상을
받은 '**알렉산더 플레밍**'입니다.

이제 더 많은 사람들의 병을 치료할 수 있어!

그의 학업을 도와준 귀족 소년은
정치가로 뛰어난 재능을 보이며
26세의 어린 나이에 국회 의원이 되었습니다.
그런데 이 젊은 정치가는 전쟁 중에 그만 폐렴에 걸려
목숨이 위태롭게 되었습니다.
다행히 플레밍이 만든 페니실린 덕분에
그는 생명을 건질 수 있었다고 합니다.

이 사람이 바로 제2차 세계 대전 때 영국, 미국 등의 연합군이
독일 나치군을 물리치고 승리하도록 이끈 정치 지도자로
유명한 '윈스턴 처칠'입니다.

플레밍과 처칠의 우정은 유명한 일화로 전해져 내려오는 이야기예요. 여러분이라면 친구가 어려운 처지에 놓였을 때 이처럼 대가를 바라지 않는 도움을 줄 수 있을까요?

아무리 친구라도 도움을 주면 대가를 바랄 것 같아.

정말 소중한 친구라면 대가를 바라지 않아야 하지 않을까?

혼자는 외로워

운동장이 시끌벅적했어요.

2학년에서 피구를 잘한다는 2반과 5반이 시합을 하고 있었어요.

2반의 강우와 한결이 그리고 서연이는 공을 잘 다루었어요. 5반 희윤이도 마찬가지였어요.

"이한결, 여기 여기!"

강우가 선 밖에서 두 손을 들고 외쳤어요. 하지만 선 안에 있던 한결이는 혼자 남은 희윤이를 맞히려고 공을 그쪽으로 던졌어요. 그런데 희윤이가 덥석 받아 냈지 뭐예요.

"아이 참, 내게 패스하라니까."

강우는 발을 구르며 화를 냈어요.

5반 아이들이 마지막으로 남은 희윤이를 응원했어요.
"정희윤, 파이팅!"
희윤이는 한결이와 서연이를 향해 공을 힘껏 던졌어요.
"퍼벅!"
공은 서연이의 등과 한결이의 종아리에 연이어 부딪히며 땅에 떨어졌어요.
선생님이 호루라기를 불었어요.
"3 대 2, 5반 승리!"
강우네 반이 지고 말았어요.
강우는 한결이를 쏘아보았어요. 땀범벅이 된 한결이는 선 안에서 고개를 푹 숙였어요.
5반 아이들은 신이 나서 소리를 질렀어요. 하지만 2반 아이들은 조용했어요.
회장인 서연이가 씩씩하게 나섰어요.
"다들 열심히 했어!"
그때 강우가 한결이의 어깨를 밀치며 말했어요.
"너 때문에 진 거잖아."
한결이가 그만 바닥에 넘어졌어요. 서

연이가 한결이 손을 잡아 일으켰어요.

"왜 그래? 우리 모두 최선을 다했잖아."

강우는 뒤도 돌아보지 않고 교실로 들어갔어요. 2반 아이들은 모두 풀이 죽은 채 뒤따라갔어요.

다음 날, 강우는 한결이와 함께 맡은 계단 청소도 하기 싫었어요. 계단은 등나무 꽃잎이 여기저기 흩날려 지저분했어요. 한결이 혼자 몇 칸이나 쓸어 내는 동안 강우는 멀찍이 떨어져서 계속 툴툴거리기만 했어요.

"칫, 만날 마음대로야!"

"아이 참, 빨리 청소해. 검사 맡으러 가야 되잖아."

한결이가 한숨을 내쉬며 답답해했어요.

"나한테 패스만 해 줬어도 이길 수 있었다고!"

한결이는 이제 강우의 말이 듣기 싫었어요.

"이길 때도 있고 질 때도 있지."

"야, 다 이긴 시합인데 너 때문에 졌잖아."

강우는 빗자루로 계단을 치며 말했어요.

"에잇, 나머진 네가 다 해!"

한결이가 얼굴을 붉히여 돌아섰어요.

"야, 거기 서!"

강우가 한결이를 향해 빗자루를 던졌어요.

"왜 던지는데?"

한결이도 지지 않고 빗자루를 던졌어요.

그때, 강우가 달려와 한결이의 등을 쳤어요. 한결이는 강우의 윗옷을 잡고 밀었어요. 어느새 투닥거림이 몸싸움으로 번졌어요.

"야, 너희들, 왜 그래?"

서연이가 급하게 달려왔어요.

"야, 그만해!"

둘을 떼어 내려고 서연이가 끼어들었어요.

"청소하다가 왜 싸워!"

강우와 한결이는 서연이를 뿌리친 채 서로 옷을 잡고 늘어졌어요. 싸움은 쉽게 끝날 것 같지 않았어요.

"아얏!"

순간 한결이가 비틀거리며 넘어졌어요. 얼굴에 피가 비쳤어요. 강우가 움찔거렸어요.

얼굴을 감싸 쥐던 한결이가 손에 묻은 피를 보고 울먹이기 시작했어요.

"흐윽, 다시는 너랑 친구 안 할 거야!"

그때 선생님이 급하게 뛰어왔어요.

"박강우, 이한결! 뭐 하는 거니?"

"강우가 먼저 시비를 걸었어요!"

한결이가 훌쩍거리며 말했어요.

"저 보고 청소 다 하라고 해서……."

강우가 말을 얼버무렸어요.

"아휴, 어떡하니?"

선생님은 한결이 얼굴을 보며 걱정스럽게 말했어요.

"선생님, 제가 한결이랑 보건실에 갔다 올게요."

서연이가 나섰어요.

서연이는 한결이를 부축해서 보건실로 갔어요. 선생님과 강우는 교실에 들어갔어요.

반 아이들은 다 집으로 가고 교실엔 강우와 선생님만 남았어요.

선생님은 강우에게 반성문을 쓰라며 종이를 주었어요.

"유치원 때부터 친한 녀석들이 이렇게 싸우면 되겠니?"

선생님이 눈에 힘을 주자 눈썹이 아래위로 움직였어요. 강우는 종이만 뚫어져라 보곤 한 자도 적지 못했어요.

"박강우, 잘못한 게 뭔지 잘 생각해 봐."

선생님 목소리가 딱딱했어요.

강우는 연필을 빙글빙글 돌렸어요.

같이 싸우고 혼자만 반성문 쓰는 게 잘못되었다는 생각이 들었어요. 강우는 머리를 쥐어짜서 겨우 적을 말을 생각해 냈어요.

강우는 선생님 앞에 반성문을 내밀었어요. 선생님이 반성문을 보고 한숨을 쉬었어요.

반성문

선생님, 저는 피구 시합에서 진 게 아직도 억울합니다.
제 앞에 있는 희윤이만 아웃 시키면 이길 수 있었는데
한결이가 패스를 안 해 줬어요. 그래서 우리 반이 진 거예요.
제가 한결이를 다치게 한 게 아니에요.
한결이가 내 옷을 잡아당겨서 빼려고 했어요.
그런데 한결이가 넘어졌어요.
하지만 앞으로는 싸우지 않겠습니다.

박강우 올림

"어휴, 녀석들! 친구끼리 서로 탓만 해서 되겠니?"

선생님이 강우를 보며 물었어요. 강우는 아무 대답도 못 했어요. 왜 자꾸 자신에게만 뭐라고 하는지 모르겠다는 생각만 들었어요.

잠시 뒤, 서연이와 한결이가 왔어요.

강우는 한결이 얼굴에 붙은 밴드를 보고 머리를 떨구었어요.

"나는 너희가 정말 친한 사이라고 생각했는데 이렇게 싸우는 건 이해가 안 돼. 어떡할 거니?"

선생님이 강우와 한결이를 번갈아 보았어요.

강우는 곁눈질을 하며 한결이를 째려보았고, 한결이도 지지 않고 강우를 흘겨보았어요.

서연이가 강우 귀에다 대고 말했어요.

"한결이가 다쳤잖아. 네가 먼저 사과해."

하지만 강우는 다리가 바닥에 붙은 것처럼 뻣뻣하게 서 있기만 했어요.

선생님이 강우랑 한결이의 손을 잡고 말했어요.

"피구 시합을 하면 누구나 이기고 싶어 해. 하지만 졌다고 싸워선 안 되지. 진짜 친구라면 이럴 때 서로 위로해 줘야지. 수고했다고, 힘내라고."

선생님 목소리가 엄했어요. 서연이는 계속 고개를 끄덕였어요. 하지만 강우와 한결이는 여전히 꼼짝하지 않았어요.

서연이는 불안했어요. 지금까지 강우와 한결이랑 함께 보내며 쌓았던 추억들이 와르르 무너지는 것만 같았어요.

"이 녀석들, 황소고집이구나!"

선생님이 동그란 눈에 힘을 주자 눈썹이 갈매기처럼 끼룩끼룩 날 것만 같았어요.

강우는 선생님이 화가 많이 났다는 걸 알았어요. 어쩔 수 없이 먼저 손을 내밀었어요.

"미안!"

한결이가 강우의 손을 물끄러미 보았어요. 서연이가 한결이 손을 잡아끌었어요.

"한결아, 어서. 강우가 사과하잖아."

선생님이 한결이를 보았어요. 그제야 한결이도 강우 손을 잡았어요.

"미, 안."

한결이는 들릴 듯 말 듯한 소리로 말했어요. 선생님이 강우와 한결이 어깨를 토닥여 주었어요.

다음 날, 아이들은 한결이 얼굴을 보고 강우가 한 짓이라고 수군거렸어요.

한결이는 학교뿐 아니라 동네 놀이터에서 강우를 만나면 고개를 홱 돌렸어요. 강우가 말을 걸려고 하면 모른 체하기도 했어요.

피구 시합이 있기 전까지 강우는 한결이를 마음이 잘 통하는 친구라고 생각했어요. 강우 말이라면 한결이가 거의 다 들어주었거든요. 그런데 이젠 한결이가 변했다는 생각이 들었어요. 서연이도 왠지 한결이 편만 드는 것 같았어요. 강우는 한결이와 예전처럼 잘 지내고 싶었어요. 그런데 한결이는 그게 아닌 것 같아서 속상했어요.

강우는 학교에 가기가 싫었어요. 동네 놀이터에 가는 것도 재미없었어요. 혼자가 된 것만 같았어요.

친구는 어떻게 사귀게 되는 걸까?

친구라고 다 같은 친구가 아닌가 봐!

그냥 어울리다 보면 자연스럽게 친구가 되는 게 아닐까요?

뭉치, 지혜, 새롬이는 어떻게 친구가 됐는지 기억하니?

▶▶▶ 같은 동네에 살기도 하고, 유치원 때 처음 같은 반이 되어서 친구가 됐어요.

그런데 요새는 친구들이 뭉치랑 둘이 다니면 자꾸 사귀냐고 놀려서 꼭 지혜랑 셋이 같이 다녀야 해요.

◀◀◀ 새롬이가 피아노 학원 가면, 저랑 뭉치랑 놀이터에서 새롬이가 올 때까지 기다리기도 하고, 뭉치랑 저랑 인라인 수업을 같이 다니기도 했죠.

남자랑 여자랑은 친구로 지낼 수 없다고 생각하는 아이들이 있나 보구나.

서로 마음이 잘 맞으면 누구나 친구가 될 수 있다고 생각해요.

▶▶▶ 저랑 피부색과 쓰는 말이 다르더라도 친구가 될 수 있다고 생각해요. 친구는 함께 시간을 보내고 나와 마음을 나눌 수 있는 사람이에요.

진정한 친구란 뭘까?

놀이터에서 우연히 처음 만나 놀게 된 아이, 친하지 않아도 같은 반에서 함께 생활하는 아이에게도 '친구'라는 말을 쓰잖아요. 그렇게 함께 어울려 노는 모든 친구를 '진정한 친구'라고 부를 수 있을까요?

우리가 자주 쓰는 말인 '베프(Best Friend의 준말)'는 진짜 진짜 친한 친구한테만 쓰잖아요. 우리가 모든 친구를 베프라고 부르지는 않는 것처럼 '나의 속마음'을 이해하는 친구는 세상에 많지 않아요. 진정한 친구를 사귀는 건 좀 어려운 것 같아요.

여러분과 마음이 잘 통하는 친구가 있다면, 그 친구와 어떤 마음을 나누었는지 생각해 볼까?

여러분은 언제 친구한테 화가 나니? 아래 〈보기〉를 읽고, 내가 친구에게 화가 날 때를 골라 보렴.

㉠ 친구가 나 아닌 다른 친구랑 더 친하게 놀 때

㉡ 친구가 내 물건을 허락도 받지 않고 쓸 때

㉢ 함께하는 활동에서 내 말을 듣지 않고 제멋대로 할 때

㉣ 친구가 약속을 지키지 않을 때

㉤ 친구가 나한테 거짓말을 한 걸 알게 되었을 때

㉥ 친구가 나의 잘못을 선생님한테 고자질을 했을 때

㉦ 장난을 그만하라고 부탁했는데, 내 말을 무시하고 계속 장난칠 때

친구한테 화가 나면 화해하는 게 참 어려운 것 같아.

친구는 우리말로 '벗', '동무'라고도 해. '벗'을 나타내는 한자 우(友)는 왼손을 나타내는 좌(屮)와 오른손을 나타내는 우(又) 자를 어우른 글자로, '손을 마주 잡고 서로 도우며 친하게 지낸다.'는 뜻이 담겨 있다고 해. 그리스의 철학자 아리스토텔레스는 친구에 대해 이렇게 말했단다. "나의 가장 좋은 친구는 내가 잘 되기를 바라는 사람이다. 친구가 되고 싶다는 소망은 쉽게 이루어질 수 있지만, 우정은 천천히 익어 가는 과일이다."

노란 초대장

월요일 아침이었어요.

"얘들아, 다음 금요일에는 3반이랑 피구 시합이다!"

선생님의 얘기에 아이들이 술렁거렸어요.

"3반에 희윤이 쌍둥이 동생 희재 있잖아. 걔도 진짜 잘한대!"

"진짜?"

"우리 반이 이길 수 있을까?"

쉬는 시간, 서연이가 강우에게 다가갔어요.

"강우야, 우리 같이 삼각형 작전 짜 볼래?"

"칫, 작전을 짜면 뭘 해? 한결이가 또 자기 맘대로 할걸."

강우가 한결이를 힐끔 보며 대답했어요.

한결이도 강우를 쳐다보았어요. 둘은 눈길이 마주치자마자 얼른 고개를 돌렸어요.

　서연이가 반 아이들 앞에 섰어요.

　"얘들아, 여기 좀 봐."

　서연이는 칠판에 피구 시합장 모양을 그려 놓고 설명을 시작했어요.

"한결이와 강우가 공을 잘 받고 공격도 세게 하잖아."

서연이의 말에 아이들이 고개를 끄덕였어요.

"여기 안에는 한결이, 그리고 밖에는 강우가 수비와 공격으로 나서 줘. 키가 큰 지호가 우리 앞에서 공을 잡아 주면 우리는 빨리빨리 공을 피해야 해. 그리고 자기 앞에 오는 공은 절대 무서워하면 안 돼. 알았지? 이렇게 삼각형을 만들어 재빠르게 움직이면……."

전략 회의

서연이는 피구 시합을 이기기 위해 많이 연구한 것 같았어요. 반 아이들 모두 서연이 말에 귀를 기울였어요.

"공격은 한자리에서만 하면 안 돼. 한결이와 강우가 번갈아 하고, 나도 할 수 있으면 할게."

지호도 서연이를 거들었어요. 하지만 강우와 한결이는 딴짓을 하며 모른 체했어요.

수업이 끝난 뒤, 서연이가 강우와 한결이를 불렀어요.

"강우야, 잠깐!"

"한결아, 너도 가지 마!"

그런데 둘은 급하게 가방을 챙겨서 일어나지 뭐예요. 서연이가 발을 동동 구르며 말했어요.

"너희들 가지 말고 기다리라니까!"

지호도 답답해서 큰 소리로 말했어요.

"야, 회장 말 안 들려?"

하지만 강우와 한결이는 차례대로 나가 버렸어요. 서연이가 뒤

따라 복도로 뛰어갔어요. 그리고 강우와 한결이의 팔을 잡았어요.

"너희들, 정말 너무해!"

"한결이랑 같이 하는 거 싫다니까."

"나도 싫어!"

둘은 서연이 손을 뿌리쳤어요.

"우리가 힘을 합치면 잘할 수 있는데도?"

"그렇게 안 될걸."

강우가 삐죽거리며 말했어요.

"강우 너, 내가 회장 하면 잘 도와주겠다고 했잖아."

서연이가 금방이라도 울 것처럼 말했어요.

강우는 서연이에게 미안한 마음이 들었지만 어쩔 수 없었어요. **친구를 잘 도와주고 반을 위해서 봉사하는 착한 회장이지만 한결이랑 같이 하는 건 싫었어요.**

한결이도 마찬가지였어요. 서연이를 친절한 친구라고 생각했어요. 하지만 **툭하면 화를 내고 자기 말이 맞다고 우기는 강우는 마음에 들지 않았어요.** 여태껏 강우와 어떻게 친하게 지냈는지 믿기지 않았어요.

선생님이 지나가다 복도에서 옥신각신하는 세 아이를 보았어요.
"너희들, 뭐 하는 거니?"
"아, 아니에요."
서연이는 선생님에게 아무 일 없다는 듯이 말했어요. 선생님이 알면 문제가 커질 수도 있다는 생각이 들었거든요. 서연이는 마음을 몰라주는 친구들이 섭섭했어요.
"칫, 너무해."
계속 이러면 정말 미워질 것 같았어요.
"지난번 선생님 앞에서는 가짜로 화해한 거야?"
서연이는 째려보며 물었어요. 둘은 서로 다른 곳을 보며 대답을 안 했어요.
"으이구, 진짜!"
서연이는 눈물을 훔치고는 운동장으로 뛰어갔어요.
교문을 나서며 서연이는 한숨을 내쉬었어요.
"아휴, 이젠 나도 몰라!"
아무 생각도 하지 않으려고 하늘을 쳐다보는 순간, 노란 종이 한 장이 팔랑거리며 서연이 앞에 떨어졌어요.

'맛모아 사탕 가게에 초대합니다!'

서연이는 초대장을 주웠어요. 노란 종이에 큼지막한 초대 글과 함께 알록달록한 사탕 사진이 있었어요.

서연이가 좋아하는 민트색에 초코가 점점이 박힌 민트톡 사탕을 보자 금세 침이 고였어요.

"음, 맛있겠다."

서연이는 초대장 뒷면의 약도를 보았어요. 학교에서 가까운 곳이었어요.

약도에 그려진 대로 서연이는 뚜벅뚜벅 걸어갔어요. 사탕을 생각하니 기분이 조금 나아졌어요.

한결이도 교문 밖으로 나왔어요. 발 앞에 서연이가 받은 것과 똑같은 초대장이 떨어졌어요. 하지만 아무 관심이 없이 툭 차 버리고 그냥 지나갔어요.

이어 강우가 터덜터덜 나왔어요. 노란 초대장이 강우의 발등에 사뿐히 내려앉았어요.

"뭐지?"

허리를 구부려 초대장을 집었어요.

"맛모아 사탕 가게?"

강우는 초대장에 적힌 글씨를 차근차근 소리 내어 읽었어요.

"어린이 손님을 특별히 환영합니다. 민트톡 사탕, 포도척 사탕, 멜론진 사탕, 박하하 사탕, 오렌지쫑 사탕!"

강우 마음에 드는 사탕은 멜론색에 노란 점이 박힌 멜론진 사탕이었어요. 강우는 침이 꼴깍 넘어갔어요.

"와, 맛있겠다."

어느새 강우도 약도를 보고 걷기 시작했어요. 학교 담이 끝나는 곳의 반대편에 있는 작은 골목길 입구로 말이에요.

맛모아 사탕 가게의 노란 간판이 반짝거렸어요.

강우가 가게 앞에서 멈칫했어요. 가게 안에는 두 볼에 사탕을 넣은 것 같은 불퉁 할아버지가 서연이와 도란도란 이야기를 나누고 있었어요.

"이거 얼마예요?"

서연이가 민트톡 사탕을 가리키며 물었어요.

"허허, 기분 나빴던 이야기 하나 들려주면 사탕을 주지요."

서연이는 친구들이 회장인 자기 말을 들어 주지 않아서 속상하다며 목소리를 높였어요.

불퉁 할아버지가 계산대에 있는 동그란 화면에 '회장'이라고 쓰자 민트톡 사탕이 또르르 나왔어요.

잠시 뒤, 서연이가 민트톡 사탕을 쪽쪽 빨며 밖으로 나왔어요. 조금 전까지만 해도 울상이던 서연이가 코를 흥흥거리며 살짝 웃기까지 했어요.

강우는 서연이가 볼까 봐 얼른 벽에 붙었어요.

'뭐야! 울다가 웃다가.'

강우는 고개를 갸웃거렸어요.

서연이가 골목 끝으로 사라지자 강우도 얼른 가게 앞으로 다가갔어요.

"좋은 이야기를 들어야지."

"나쁜 이야기도 약이 되는 법이라고!"

사탕처럼 얼굴이 동그란 동글 할머니와 불퉁 할아버지의 목소리가 밖에까지 들렸어요.

강우가 문을 열었어요.

"이크!"

불퉁 할아버지가 나오려다 강우와 부딪칠 뻔했어요.

"나, 들어가우."

강우가 뒷걸음을 치자 불퉁 할아버지가 손을 흔들며 갔어요.

할아버지의 뒷모습을 보며 강우가 가게에 들어갔어요.

"강우 어린이, 어서 와요!"

동글 할머니가 환하게 웃으며 반겨 주었어요.

"앗, 제 이름을 어떻게 아세요?"

"난 이 동네 아이들을 잘 알아요."

강우는 어리둥절했어요.

"자, 먹고 싶은 사탕을 골라 봐요."

동글 할머니는 가지런히 있는 사탕 통들을 가리키며 말했어요.

강우는 눈을 크게 뜨고 자세히 살폈어요. 초대장에서 보았던 멜론진 사탕에 눈길이 갔어요.

"이거 얼마예요?"

강우가 물었어요.

"사탕 값은 친구랑 가장 재미있게 지냈던 이야기 하나만 들려주면 됩니다."

"친구랑 있었던 일이요?"

"이야기 한 자락이면 충분해요. 재미있는 이야기를 들려주면 난 점점 젊어진답니다."

강우는 그런 이야기라면 얼마든지 있다는 생각이 들었어요.

"지난겨울에 한결이랑 시골 왕 할머니 집에 갔었어요. 눈썰매를 타다가 미끄러졌는데도 엄청 신나고 재미있었어요."

"오호호, 우리 친구들이 눈 위로 넘어지면서 깔깔깔 웃는 모습이 떠오르는군요."

동글 할머니는 계산대에 있는 동그란 화면에 '눈썰매'라고 썼어요. 그러자 멜론진 사탕이 통에서 톡 떨어졌어요.

"자, 맛있게 먹어요. 멜론진은 진심 어린 말이 절로 나오는 사탕이지요."

강우는 동글 할머니가 건네준 사탕을 덥석 받았어요. 그리고 얼른 껍질을 벗겨 입에 쏙 넣었어요. 새콤달콤한 맛이 입안에 퍼졌어요. 그러자 갑자기 주절주절 말이 나오기 시작했어요.

"사실 한결이랑 싸웠어요. 지금은 사이가 안 좋아요. 전처럼 친해지고 싶은데……."

강우는 자기도 모르게 말이 나오는 게 이상해서 손으로 얼른 입을 막았어요.

"꼭 하고 싶은 말은 용기를 내서 해야지요."

강우는 용기를 냈어요.

"진짜 마음은 한결이랑 다시 친해지는 거예요."

"그렇게 될 겁니다."

동글 할머니의 말이 포근했어요.

강우는 왠지 힘이 났어요.

"고맙습니다. 안녕히 계세요."

강우는 싹싹하게 인사를 했어요. 동글 할머니가 손을 흔들어 주었어요.

다음 날, 강우는 일찍 일어났어요.

학교에 가고 싶은 마음과 가기 싫은 마음이 싸움을 하는 것 같았어요. 한결이와 서연이에게 마음속 말을 할 수 있을 것 같기도 하고, 그렇지 못할 것 같기도 했어요.

강우는 멜론진 사탕 맛을 기억하며 집을 나섰어요.

인문철학 왕 되기

② 어떤 친구가 좋은 친구일까?

난 내 말 잘 듣고, 맛있는 거 잘 사 주는 친구가 좋은 친구 같아요. 아닌가요?

제 생각에 서연이는 좋은 친구인데, 강우랑 한결이는 나쁜 친구 같아요.

뭉치는 서연이가 왜 좋은 친구라고 생각하니?

서연이는 계속 강우랑 한결이랑 잘해 보려고 피구 작전도 짜고, 둘 사이를 공평하게 대하려고 노력하니까요.

뭉치가 생각하는 좋은 친구는 '어떤 상황에서도 노력하는 친구'구나.

저는 강우가 너무 이기적이라고 생각해요. 한결이가 실수할 수도 있는데, 피구 시합에서 졌다고 자꾸 툴툴대고 모든 걸 한결이 탓으로 돌리잖아요.

좋은 친구들도 가끔 상황이 좋지 않으면 다투게 되니까, 행동 하나만으로 좋은 친구, 나쁜 친구를 구분할 수는 없는 것 같아요.

소샘의 철학특강

좋은 친구와 우정에 대하여

고대 중국의 철학자 공자(孔子)는 좋은 친구를 이렇게 꼽았단다.

정직한 사람
성실한 사람
견문이 풍부한 사람

거짓말하지 않고, 자신의 맡은 일을 잘하고, 세상에 대해 호기심이 많고 아는 것이 많은 사람이 좋은 친구라고 생각한 거지. **좋은 친구와 우정을 나누게 되면, 나 역시 친구의 좋은 점을 본받아 좋은 사람이 될 수 있다고 생각한 거야.** 이 때문에 공자는 '더 배울 것이 있는 사람을 친구로 사귀어야 한다'고도 했단다.

여러분도 이 말에 동의하니? 만약 동의한다면, '나'의 친구에게 배울 점은 무엇인지 생각해 보자꾸나.

아래는 '친구들을 대하는 나의 행동'에 대한 체크 리스트란다. 나와 내 친구의 관계를 잘 생각해 본 뒤 아래에서 해당되는 내용을 체크(☑)해 보렴.

- ☐ 나는 친구에게 새로운 지식이나 정보를 잘 알려 준다.
- ☐ 나는 친구와 즐겁게 논다.
- ☐ 나는 친구의 이야기를 잘 들어준다.
- ☐ 나는 친구가 실수했을 때 너그럽게 이해해 준다.
- ☐ 나는 친구와 싸웠을 때 먼저 손 내밀어 화해를 요청한다.
- ☐ 나는 친구가 나쁜 행동을 했을 때, 그것이 나쁜 행동임을 알려 준다.
- ☐ 나는 친구가 슬플 때 친구의 마음을 알아채고 위로해 준다.
- ☐ 나는 친구가 기쁠 때 함께 기뻐해 준다.
- ☐ 나는 친구가 도움을 요청할 때 잘 도와준다.

😊 **1개 이상 ~ 3개 이하** : 좋은 친구가 될 자질을 충분히 가지고 있어요!
😊 **4개이상 ~ 6개 이하** : 좋은 친구가 어떤 행동을 해야 하는지를 잘 알고 있어요!
😊 **7개 이상 ~** : 좋은 친구의 역할을 훌륭히 하고 있습니다!

무늬만 친구

    강우가 학교에 일찍 온 건 정말 오랜만이었어요. 계단을 총총총 뛰어 복도에 도착했어요.
    교실에서 시끄러운 소리가 들렸어요.
"아침부터 누가 싸우나?"
강우는 고개를 갸우뚱하며 교실 문을 열었어요.
"야, 보라색 머리핀 너랑 진짜 안 어울린다. 이리 줘 봐."
서연이가 앞에 앉은 민서의 머리핀을 당겼어요.
"앗, 따가워!"
민서가 깜짝 놀라 머리를 두 손으로 감쌌어요.
그때 뒤에 있던 연수가 나섰어요.
"서연아, 왜 그래?"

"야, 2인분, 넌 참견하지 마!"
 서연이는 연수가 제일 듣기 싫어하는 말을 아무렇지도 않게 했어요. 2인분은 키가 크고 덩치가 두 사람만 한 연수를 놀리는 말이었어요. 다른 친구들이 그런 말을 하면 적극 말리던 서연이가 대놓고 그런 말을 해서 강우는 깜짝 놀랐어요.

연수는 기분이 안 좋아 보였지만 크게 화를 내지는 않았어요.

강우는 서연이에게 말을 붙이기가 힘들었어요. 어제 서연이 말을 무시해 놓고 오늘 갑자기 말을 건네면 변덕쟁이라고 놀릴 것만 같았기 때문이에요. 하지만 하고 싶은 말을 꾹 참고 있는 것도 힘들었어요.

서연이가 자리에 앉아서 코를 흥흥거렸어요. 강우는 용기를 내어 서연이 옆으로 갔어요.

"서, 서연아!"

"앗, 깜짝이야! 지각 대장이 웬일로 일찍 왔어?"

서연이가 입술을 삐죽이며 말했어요.

"있잖아. 할 말이 있어."
"무슨 말? 난 듣고 싶지 않은데."
서연이는 눈을 가늘게 뜨고 고개를 홱 돌렸어요.
강우가 서연이 팔을 잡았어요.
"서, 서연아, 내 말 좀 들어 봐."
"야, 이거 놔. 징그러워."
서연이는 벌레가 붙은 것처럼 팔을 흔들어 댔어요.
"너 좀 이상하다."
"내가 어때서?"
이상해요. 항상 다정하게 친구들의 말을 잘 들어 주던 서연이가 아니었어요.
"너, 원래 안 이랬잖아."
"흥, 무슨 말인지 모르겠어."
강우는 서연이가 친절하게 말할 때 들어 주지 않은 게 후회됐어요. 그래도 멜론진 사탕 맛을 떠올리며 강우는 다시 용기를 냈어요.
"서연아. 어, 어제는 미안했어. 네

말대로 작전 짜 보자."

강우는 속마음을 그대로 말했어요.

"내 말 무시할 땐 언제고 착한 척하기는!"

서연이의 말은 뾰족한 화살 같았어요.

'서연이 마음도 이랬을까?'

강우는 어제 서연이 부탁을 거절한 생각이 났어요. 눈가가 찌릿했어요.

"다음 금요일이면 며칠 안 남았잖아."

"됐거든. 하고 싶으면 네가 해!"

서연이는 말이 통하지 않았어요. 정말 믿어지지 않을 정도였어요. 이게 어떻게 된 일일까요?

"서연이가 왜 저러지?"

반 아이들도 웅성거렸어요.

"흥, 다 마음에 안 들어. 하고 싶으면 너희들이나 해."

서연이는 책상에 이마를 대고 또 코를 흥흥거렸어요. 모

든 것이 귀찮다는 표정이었어요. 화가 나서 콧김을 뿜어 내는 것 같기도 했어요. 열심히 봉사하던 서연이가 말썽쟁이 낯선 아이로 변한 것 같았어요.

강우가 교실을 둘러보았어요. 아직 한결이가 보이지 않았어요.

'꼭 하고 싶은 말은 용기를 내서 해야지요.'

동글 할머니의 말이 생각났어요.

그날 썼던 반성문과 한결이에게 미안하다고 했던 것, 모두 진심이 아니었다는 생각이 들었어요.

강우는 작년까지 서연이, 한결이 가족과 할머니 집에 자주 캠핑을 갔어요.

여름엔 옥수수를 따고, 가을엔 고구마도 캐고, 겨울엔 썰매를 탔어요. 이렇게 놀 때는 너무나 가까운 사이였어요. 세상에서 제일 소중한 친구라고 생각했어요. 하지만 지금은 너무 먼 친구, 아니 친구도 아닌 이상한 사이가 되어 버렸어요. 무늬만 친구인 것 같았어요.

한결이에게 하고 싶은 말을 마음속으로 몇 번이나 연습했어요.

'시합에 진 걸 너 때문이라고 해서 정말 미안해.'

강우가 복도를 기웃거렸어요. 조금 뒤 한결이가 교실에 들어섰어요. 얼굴에 붙은 밴드가 제일 먼저 눈에 띄었어요. 밴드가 강우에게 사과하라고 말하는 것 같았어요.

그때 갑자기 서연이가 한결이 앞으로 갔어요.

"너, 손에 있는 거 뭐니?"

"아, 이거? 계단에 떨어져 있어서 버리려고 주워 왔어."

"그런 건 밖에 버리고 와야지. 착한 일 하는 거 티 내려고 그래?"

"뭐?"

서연이의 말에 한결이가 놀란 것 같았어요.

그때 마음속으로 연습했던 말을 하려고 강우가 용기를 냈어요.

"하, 한결아. 너 때문에 우리 반이 졌다고 하고, 얼굴 다치게 한 것⋯⋯. 내가 잘못⋯⋯ 했⋯⋯."

"아, 됐어!"

한결이가 강우의 말을 싹둑 잘랐어요. 그리고는 바로 자리에 앉

아 버렸어요.

혼자 남은 강우는 창피하고 속상하고 답답했어요. 온몸이 오그라드는 것만 같았어요. 갑자기 눈물이 핑 돌았어요.

수업 시간 내내 한결이는 강우에게 눈길 한번 주지 않았어요. **강우는 친구가 마음을 받아 주지 않는 게 얼마나 슬픈지 처음 알았어요.**

수업을 마치자마자 서연이가 일등으로 교실을 빠져나왔어요. 총총걸음으로 맛모아 사탕 가게 앞에 도착했어요.

"할머니, 할아버지는요?"

서연이가 두리번거렸어요.

"아, 그…… 그 양반이 자꾸만 나쁜 말을 들으려고 해서……."

할머니가 머뭇거리며 끝말을 흐렸어요.

"할머니, 코도 찡찡하고 혀도 간질간질한 게 이상해요. 친구들에게 말을 쏟아붙이고 나면 좀 나아지는 것 같다가 또 그래요. 민트톡 사탕 때문인 거 같아요."

서연이는 잔뜩 풀 죽은 소리로 말했어요.

"아이고, 어쩌나?"

"사탕 부작용 아닌가요?"

서연이가 따지듯이 말했어요.

"나쁜 말을 듣는 게 아니었는데……. 걱정 말아요."

동글 할머니는 이내 별것 아니란 듯이 말했어요.

하지만 서연이는 답답했어요.

친구들에게 처음으로 톡 쏘는 말을 했을 때는 짜릿했어요. 그리고 친구들이 놀랄 땐 통쾌하기까지 했어요. 연수에게 2인분이라고 했을 때 잠시 미안한 마음이 들다가 나중엔 아무렇지도 않았어요. 강우가 조심조심 말을 붙일 땐 더 쏘아 주고 싶었어요.

그런데 후회스러운 마음이 들면 코가 찡찡거리고 혀는 간질간질해서 견딜 수가 없었어요. 더 나쁜 말을 해 주고 나면 시원했어요. 갈수록 말이 점점 날카로워져서 서연이는 겁이 났어요.

"모든 게 엉망이 될 것 같아요."

서연이는 코를 비비며 울먹거리기까지 했어요.

"그건 내가 해결해 줄 순 없지만 다른 방법이 있어요."

"어떻게요?"

서연이 마음이 급해졌어요.

"기다려 봐요. 좋은 친구라면 서연이를 절대 그대로 두지 않을 겁니다."

동글 할머니는 사탕 통을 하나씩 하나씩 닦으며 말했어요.

"그건 그렇고 무슨 사탕을 줄까요?"

"오늘은 아무것도 먹고 싶지 않아요."

서연이는 고개를 저으며 인사를 했어요. 여전히 답답한 마음을 가지고 밖으로 나왔어요.

"걱정하지 말고 잘 가요."

동글 할머니가 문을 열고 손을 흔들어 주었어요.

그때 강우가 맛모아 사탕 가게로 뛰어오면서 가게 앞에서 서연이와 마주쳤지요. 둘 다 멈칫하며 말을 못 했어요.

강우가 먼저 말을 꺼냈어요.

"서연아!"

"여기 웬일이야?"

서연이가 코를 만지작거리며 겨우 아는 체했어요. 또 나쁜 말이 나올 것 같아서 꾹 참았어요.

강우가 주저하는 사이에 서연이는 먼저 간다며 뒷모습을 보였어요. 늘 반갑기만 했던 서연이가 낯설어진 게 강우는 자기 잘못 같았어요.

강우는 맛모아 사탕 가게 문을 열고 들어갔어요.

"강우가 또 올 줄 알았어요."

"할머니, 친구들이 제 마음을 안 받아 줘요."

강우가 힘없는 목소리로 말했어요.

"오늘도 재밌었던 이야기를 한 자락 해 봐요."

"음, 토요일마다 서연이와 한결이랑 공원에서 자전거를 타며 놀

앴어요. 누가 빨리 달리나 시합도 하고요. 끝나면 솜사탕도 사 먹었어요."

"재미있는 일이 많아서 부럽군요. 쌩쌩 달리는 모습이 떠오릅니다. 솜사탕은 입에서 사르르 녹았겠네요."

동글 할머니가 사탕 통을 가리켰어요.

"이건 웃음이 절로 나는 박하하 사탕, 이건 친구 말이 척 믿어지는 포도척 사탕. 하나를 골라 봐요."

이렇게 말하고 나서 동글 할머니는 계산대에 있는 동그란 화면에 '자전거'라고 썼어요.

강우가 박하하 사탕을 가리켰어요. 그러자 사탕이 톡 떨어졌어요.

강우는 얼른 입에 넣었어요. 화한 맛이 퍼지자 강우 얼굴이 밝아졌어요. 동글 할머니도 입과 눈가에 동글동글 웃음이 번졌어요.

"친구에게 늘 웃어 주는 사람은 좋은 친구가 될 준비가 된 사람이에요."

강우는 동글 할머니의 말을 가슴에 깊이 새겼어요.

강우가 막 가게를 나가는데, 고개를 푹 숙인 채 걸어오는 한결

이가 보였어요. 강우는 얼른 담 모서리에 몸을 숨겼어요. 몰래 지켜보았지만 한편으로는 한결이가 반가웠어요.

한결이가 맛모아 사탕 가게 앞에서 멈춰 섰어요.

강우는 한결이 앞에 나서고 싶었지만 지금은 아니라고 생각했어요.

한결이가 가게 안으로 들어가자 강우는 밖에서 박하하 사탕을 먹으며 기다렸어요. 가슴이 두근거렸어요.

친구와 대화를 잘하려면?

친구와 오해를 만들지 않고 대화를 잘하는 방법이 있을까요? 가끔 마음과는 다른 나쁜 말이 나올 때가 있거든요.

서연이는 민트 톡 사탕을 먹고 나서 친구들에게 '톡 쏘는' 말들을 많이 하게 된 것 같구나. 다른 친구들도 서연이의 변화에 많이 당황한 것 같지?

서연이가 그동안 참고 있었던 말들을 마구 뱉어 내는 것 같아요.

그러면 서연이가 그동안 나쁜 말들을 참아 왔던 거야?

서연이는 사탕 때문에 자기 마음과는 다른 말을 하게 된 것 같아.

친구들에게 실제 마음과는 달리 톡 쏘는 말을 한 적이 있니?

뭉치가 눈치 없이 굴 때는 톡 쏘아 말하고 싶은 마음이 자꾸 생겨요.

자신의 마음을 있는 그대로 말로 잘 전달하는 일은 쉬운 일이 아닌 것 같구나.

관중과 포숙아의 우정

아주 오래전, 중국 제나라의 재상을 지낸 관중과 포숙아는 어릴 적부터 둘도 없는 친구였어. 하지만 서로 정치적 입장이 달랐지. 당시 제나라의 왕 환공이 관중을 죽이려고 하니까 포숙아가 이렇게 말했어.

"전하, 제나라 하나만 다스리려면
저만으로도 충분하지만
천하를 주름잡으시려면
관중을 신하로 삼으십시오."

도량이 넓은 환공은 포숙아의 말을 받아들였어. 그렇게 재상이 된 관중은 나라의 경제를 안정시키고 선정을 베풀어 마침내 환공이 천하를 다스리는 데 큰 힘을 실어 주었단다. **만약 관중을 죽이려는 그때 포숙아가 나서지 않았다면 어떻게 되었을까?** 포숙아는 친구의 목숨을 살리려는 목적도 있었지만, 그의 능력도 높이 샀던 거야.

관중은 포숙아에 대한 감사의 마음을 이렇게 고백했어.

젊어서 포숙아와 장사를 할 때 나는 늘 이익금을 더 많이 차지했으나
그는 나를 욕심쟁이라 하지 않았다. 내가 가난한 걸 알았기 때문이다.
내가 그를 궁지에 빠뜨린 적도 있었지만, 그는 나를 비난하지 않았다.
또 내가 벼슬에서 물러나는 상황에 처해도 나를 무능하다고
비난하지 않았다.
그저 내가 운이 따르지 않았음을 알았기 때문이다.
그뿐만이 아니다. 나는 싸움터에서 도망친 적이
한두 번이 아니었는데도 그는 나를
겁쟁이라고 놀리지 않았다.
내게 늙은 어미가 있어서 도망쳤다는 걸
알기 때문이었다.

**나를 낳아 준 사람은 부모이지만,
나를 알아준 사람은
바로 포숙아이다.**

이 일화로 만들어진 고사성어가
바로 '관포지교'란다. 영원히 변치 않는
참된 우정을 뜻하지.

관 포 지 교
管鮑之交

삼각형 작전

"어서 와요!"

동글 할머니가 한결이를 환하게 반겨 주었어요.

"한결이를 기다리고 있었어요."

"앗, 제 이름을 어떻게 아시는 거예요?"

"난 이 동네 아이들을 잘 알지요. 무슨 사탕을 줄까요?"

한결이는 가게 안을 둘러보았어요.

"오렌지쫑 사탕? 이거 오렌지 맛이에요?"

"음, 이건 친구의 말에 귀가 쫑긋해지는 사탕이에요."

"아, 정말요? 얼마예요?"

"재미있었던 이야기 하나만 들려주면 됩니다."

한결이는 돈이 없어도 사탕을 살 수 있다는 게 신기했어요.

"그런 이야기는 하루 종일 할 수 있어요. 저는 재미있는 추억이 많거든요."

한결이는 바로 들려줄 이야기가 생각났어요.

"강우네 할머니 집에 가서 서연이랑 옥수수를 땄을 때, 진짜 재미있었어요."

"오호호, 친구들이랑 옥수수수염을 가지고 장난도 쳤겠네요."

"네, 맞아요. 서연이가 할아버지처럼 수염을 붙이고 목소리까지 흉내 내서 배꼽이 빠지는 줄 알았어요."

한결이는 신나게 얘기를 늘어놓았어요.

동글 할머니가 계산대에 있는 동그란 화면에 '옥수수'라고 적자 오렌지쫑 사탕이 톡 하고 나왔어요.

동글 할머니가 사탕을 건네며 이마에 주름을 지었어요.

"이런, 다쳤군요."

"강우랑 싸우다 긁혔어요. 이제 거의 다 나았어요."

한결이는 씨익 웃으며 말했어요.

"사실은 강우가 아까 사과를 했는데 제가 화를 내 버렸어요."

한결이 얼굴에 금세 구름이 끼었어요.

동글 할머니가 한결이 어깨를 토닥여 주었어요.

"걱정 말아요. 친구의 말에 쫑긋 귀를 세우면 좋은 친구가 될 준비가 된 거예요."

한결이는 사탕을 입에 물고 가게를 나왔어요. 새콤 달달한 맛이 입안에 번졌어요. 이어 목구멍, 콧구멍, 귀까지 촉촉이 퍼져 나가는 것 같았어요.

그때였어요. 담 모서리에 숨어 있던 강우가 한결이 앞으로 풀쩍 뛰쳐나왔어요.

"한결아!"

강우가 웃음 가득한 얼굴로 한결이를 불렀어요. 순간 한결이도

밝은 표정으로 강우를 보았어요.

"여기 웬일이야?"

"난 박하하 사탕 먹었어. 너는 무슨 사탕이니?"

"이거, 오렌지쫑 사탕이야. 재미있는 이야기를 들려주니까 그냥 줬어."

한결이가 입에 문 사탕을 꺼내 보이며 말했어요.

"맞아. 나도 그랬어."

강우의 목소리가 한결이 귀에 쏘옥 들어왔어요. 한결이는 귀가 쫑긋해졌다는 걸 분명하게 느낄 수 있었어요.

그때 동글 할머니가 가게 문을 열고 밖을 내다보며 손짓했어요.

"잘 가요!"

강우와 한결이도 손을 흔들었어요.

"있잖아!"

둘은 약속이나 한 것처럼 똑같은 말을 했어요.

"강우야, 네가 먼저 말해."

한결이는 왠지 강우 말을 듣고 싶었어요.

"다치게 한 거, 내가 잘못했어."

강우 목소리와 표정도 잘못했다고 하는 것 같았어요.

한결이 입에서도 부드러운 목소리가 나왔어요.
"네가 여러 번 사과했는데 안 받아 줘서 미안해. 상처는 이제 거의 다 나았어."
한결이가 아무렇지도 않게 밴드를 떼어 냈어요. 얼굴에 남

은 발그레한 자국이 강우에게 웃는 것처럼 보였어요.

"괜찮아?"

"응, 이젠 안 아파."

강우는 한결이의 대답을 듣자 마음이 가벼워졌어요.

"우리 내일 서연이한테……."

"하하하!"

둘은 또 똑같은 말이 나와서 웃었어요.

"네가 무슨 말하려는지 알겠어."

한결이가 강우를 보며 천천히 말을 이었어요.

"서연이에게 삼각형 작전을 짜서 잘해 보자고 하자."

강우가 웃음 띤 얼굴로 고개를 끄덕였어요.

다음 날 아침, 강우와 한결이는 일찍 교문 앞에서 만났어요.

"역시 통했어."

둘은 하이 파이브를 했어요.

"서연이가 왔는지 빨리 가 보자."

"좋아!"

강우와 한결이는 운동장을 가로질러 교실로 뛰어갔어요.

벌써 서연이와 몇몇 아이들이 교실에 와 있었어요.

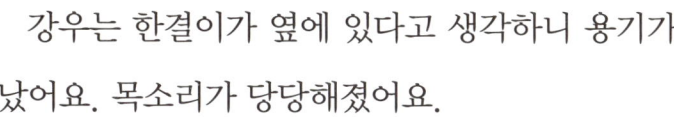

"회장, 우리가 잘못했어. 빨리 삼각형 작전 짜자."

강우는 한결이가 옆에 있다고 생각하니 용기가 났어요. 목소리가 당당해졌어요.

"서연아, 우리 힘을 합쳐서 열심히 해 보자."

한결이도 씩씩하게 말했어요.

책상에 앉은 서연이는 뭐가 답답한지 주먹으로 코를 비틀었어요. 강우와 한결이가 다가가자 소리를 질렀어요.

"아, 귀찮아. 저리 가!"

서연이가 코를 비비며 책상에 엎드렸어요.

"어, 서연이 코에 피가……."

강우가 서연이를 보며 소리 질렀어요. 앞자리에 앉은 민서가 휴지를 빼서 급하게 서연이에게 주었어요.

"보건실로 가야겠어."

반 아이들이 술렁거렸어요. 코에 댄 휴지가 벌겋게 되었어요.

"내가 선생님께 말씀드릴게."

지호가 교무실로 달려갔어요.

한결이와 강우는 서연이를 부축해서 보건실로 향했어요.

'민트톡 사탕 부작용이 틀림없어.'

서연이는 그 생각이 머릿속에서 떠나지 않았어요.

강우는 피 묻은 휴지를 깨끗한 걸로 바꾸어 주었어요.

"보건실 문이 잠겨 있어. 선생님이 아직 출근 안 하셨나 봐."

한결이가 보건실 문을 흔들며 말했어요.

셋은 다시 교실로 돌아왔어요.

교무실에 갔던 지호도 뛰어왔어요.

"야, 교무실에 선생님도 안 계셔."

서연이는 자리에 앉았어요. 민서가 휴지를 통째로 갖다 주었어요. 자꾸 피가 묻었어요. 서연이는 덜컥 겁이 났어요.

'나쁜 말을 해서 그런가? 왜 자꾸 피가 나는 거야.'

친구들에게 다시는 나쁜 말을 하지 않겠다고 결심하면 코피가 뚝 멎을지도 모른다는 생각이 들었어요.

'다시는 나쁜 말 하지 않겠습니다!'

마음속으로 기도했지만 휴지는 금세 축축이 젖었어요.

"회장, 아프지 마! 네가 있어야 우리 반이 힘을 모을 수 있어."

강우가 걱정스럽게 말했어요.

"서연이가 우리 때문에 잠깐 마법에 걸린 것 아냐? 코피가 마법에 걸렸다는 걸 말해 주는 신호일지도 몰라. 그럼 내가 풀어 줄게. 풀려라 풀려라, 서강한! 얍!"

강우는 서연이 앞에서 마치 마술사처럼 두 손을 빙글빙글 돌렸어요.

"야, 그런 주문이 어딨어? 서강한은 또 뭐야."

서연이가 어색하게 웃으면서 고개를 들었어요.

"서강한은 우리 세 사람이 쌓아 온 우정의 힘으로 마법을 푸는 주문이지."

강우는 미리 준비라도 한 것처럼 자신 있게 말했어요.

"어, 휴지 다시 바꿔 봐. 이제 코피 안 나는 것 같은데?"

강우가 서연이 코에 댄 휴지를 뺐어요. 하지만 아직 피가 묻어 있었어요.

민서가 또 휴지를 코에 대 주었어요.

"다시 주문을 외워야겠어. 풀려라 풀려라, 서, 강, 한!"

이번에는 한결이가 힘을 주어 주문을 외쳤어요.

"빼 봐. 빼 봐!"

지호가 펄쩍 뛰며 말했어요. 민서가 휴지를 빼 보여 주었어요. 진짜 피가 하나도 안 묻어 있었어요.

"야, 주문이 통했나 봐."

"우아! 진짜다."

오랜만에 2학년 2반 교실에 웃음소리가 터졌어요. 서연이가 거울을 꺼내 콧구멍을 벌름거려 보았어요.

"정말이네."

서연이는 새 휴지로 코를 꾹 누르고 팽, 풀었어요. 맑은 콧물이 찍 나왔어요.

서연이는 느낄 수 있었어요. 코피만 멈춘 게 아니라 찡찡거리고 간질대던 것도 없어졌다는 걸요.

강우는 서연이 마음이 예전처럼 동글동글해진 것 같아서 기분이 좋아졌어요.

"자자, 마법이 풀린 회장님을 앞으로 모십니다."

강우가 두 팔을 펼치며 서연이를 불렀어요. 서연이가 앞으로 나갔어요.

"얘들아, 그럼 이제 빨리 작전 짜자."

서연이 목소리가 원래대로 돌아온 것 같았어요.

그때 선생님이 급하게 들어왔어요.

"서연이 코피가 난다더니 어떻게 됐니?"

선생님이 서연이를 보며 걱정스럽게 물었어요.

"강우랑 한결이 주문이 통했어요!"

지호가 큰 소리로 말했어요. 아이들의 환한 모습을 보자 선생님도 기분이 좋았어요.

"선생님, 3반이랑 시합할 작전 지금 짜도 돼요?"

"좋아, 그럼 첫째 시간을 너희들에게 줄 테니 그렇게 해 봐."

선생님이 흔쾌히 허락해 주었어요.

서연이는 작전을 짜기 전에 할 말이 있다며 입을 열었어요.

"애들아, 며칠 동안 내가 한 나쁜 말들 때문에 너희 마음을 아프게 해서 미안해."

지호가 벌떡 일어나 말했어요.

"우리 회장님이 마법에 걸린 거니까 우리가 봐줘야지."

민서가 먼저 박수를 치자 아이들도 모두 박수를 쳤어요.

드디어 작전을 짜기 시작했어요.

공을 잘 받는 지호와 공격을 잘하는 강우, 그리고 한결이의 삼각형 작전에 친구들이 다 힘을 모으기로 했어요. 공이 겁나는 친구들은 지호 뒤에서 요리조리 잘 피하자는 계획을 세웠어요.

강우와 한결이는 서연이의 자신 있는 모습을 보자 마음이 든든했어요.

그날 강우는 한결이와 서연이를 데리고 맛모아 사탕 가게로 찾아갔어요. 그런데 가게 문에 노란 종이가 붙어 있었어요. '더 맛있는 사탕을 연구할 동안 잠시 문을 닫습니다.'라는 글이었지요.

나중에 동글 할머니와 불퉁 할아버지를 만나면 마법의 코피 이야기를 꼭 들려주겠다고 아이들은 생각했어요.

기다리고 기다리던 2반과 3반의 피구 시합이 벌어졌어요.

강우가 받은 공은 금세 한결이에게 넘어갔어요. 한결이는 힘차게 공을 던졌어요. 한 번에 두세 사람이 아웃되었어요. 한결이가 잡은 공은 또 강우에게 넘어갔고 강우는 잽싸게 공격을 했어요. 서연이는 밖으

로 튕겨 나가는 공을 쏜살같이 잡아 지호에게 패스했어요.

순식간에 시간이 흘렀어요.

아이들은 땀범벅이 되었어요. 3반의 희재도 희윤이처럼 재빨랐어요.

2 대 2로 네 번째 경기가 끝나고 마지막 경기가 남았어요. 두 반 모두 실력이 팽팽했어요. 3반 아이들은 파이팅을 외쳤고, 2반 아이들도 이에 질세라 더 크게 파이팅을 외쳤어요.

마지막 시합에서 삼각형 작전이 빛을 발했지만 3반은 만만한 상대가 아니었어요. 한결이는 지난번처럼 질까 봐 걱정이 되었어요.

이제 선 안에 2반과 3반 모두 세 사람만 남았어요. 희재가 공을 높이 들고 파이팅을 외치며 힘껏 던졌어요. 선 안에 있던 지호가 재빨리 공을 받아 선 밖에 있던 강우한테 패스를 했어요. 그런데 그 공을 잡으려고 다시 풀쩍 뛰던 희재가 비틀거리며 넘어졌어요.

선생님이 호루라기를 불며 경기를 멈췄어요. 희재가 절뚝거리며 밖으로 나가 바닥에 앉았어요.

선생님은 희재가 다리를 삔 것 같다며 뛸 수 없다고 했어요. 희재는 속이 상해 투덜거렸어요. 희재 대신 다른 아이를 넣어서 빨리 경기를 하자는 이야기가 들렸어요.

그때 서연이가 나섰어요.

"선생님, 그럼 경기를 여기서 끝내는 건 어떨까요?"

땀범벅이 된 아이들이 일제히 서연이를 보았어요.

"희재가 다쳤는데 여기서 누가 이기는 건 별로 중요하지 않은 것 같아요."

강우는 꼭 이기고 싶은 마음이 있었지만 서연이 말이 맞다는 생각이 들었어요.

"휘리릭!"

선생님이 호루라기를 힘차게 불었어요.

"2 대 2로 2반, 3반 모두 승리!"

아이들은 모두 함성을 지르며 박수를 쳤어요.

서연이는 희재에게 가서 수고했다며 악수를 청했어요. 3반 아이들은 모두 희재 옆으로 모여 "3반 3반, 파이팅!"을 외쳤어요.

2반 아이들도 둥그렇게 모였어요.

"애들아, 수고했어. 우리 모두 힘을 합친 덕분이야."

서연이가 눈물을 글썽이며 말했어요.

"모두들, 정말정말 잘했어!"

강우도 손나팔을 만들어 큰 소리로 말했어요.

"야, 우리도 파이팅 외치자!"

한결이가 나섰어요.

아이들은 둥글게 서서 손을 잡고 높이 들었어요.

"2반 2반, 파이팅!"

운동장에 2반 아이들의 목소리가 높이 울려 퍼졌어요.

교실로 들어가는 서연이 어깨에 강우와 한결이가 어깨동무를 했어요.

"회장님! 수고했습니다!"

강우와 한결이가 장난스럽게 말했어요. 서연이는 그 말이 진심이라고 느꼈어요.

"하하하!"

세 아이의 밝은 웃음이 그동안 흔들렸던 우정 탑을 단단히 묶어 주는 것 같았어요.

인문철학 왕 되기

만일 나라면?

내가 하는 모든 행동에 친구가 칭찬을 해 주면 자신감이 생겨서 좋아요!

네가 하는 모든 행동이 옳은 일이 아닐 수도 있잖아. 그럴 때도 칭찬하면 좋은 거니?

친구가 좋은 방향으로 나아갈 수 있도록 도움을 주는 친구가 진짜 진정한 친구라고 할 수 있지 않겠니?

나는 뭉치 너랑 생각이 달라. 나를 믿어 주는 건 고마운 일이지만, 내가 뭔가 잘못된 행동을 했을 때, 친절하게 알려 주면 좋겠어.

다음은 '친구'에 대한 학자들의 명언이란다. 진정한 친구에 대해 잘 생각해 본 후 나만의 멋진 명언을 만들어 볼까?

좋은 일을 행하도록 충고하고 격려하는 것은 친구의 도리이다.
– 맹자

친구는 또 다른 자기 자신이다.
– 아리스토텔레스

다른 사람이 친구를 비난하면 받아들이지 말고, 자신도 친구가 나쁜 짓을 했으리라고 의심하지 말아야 한다.
– 키케로

벗을 사귀는 데 있어서 서로를 알아주는 것보다 귀한 것은 없고, 서로를 감동시키는 것보다 즐거운 것은 없다.
– 연암 박지원

 쓰기활동

친구 분쟁 재판소

피구 시합에서 있었던 일 때문에 <친구 분쟁 재판소>에 왔어요. 이 분쟁을 내가 '판사'로서 해결해 준다면 어떻게 제안해 줄 건가요?

> 꼭 이겨야 하는 피구 시합이었는데, 한결이가 제 작전을 따르지 않았어요. 결국 시합에서 졌는데, 한결이는 제 말을 듣지 않은 걸 사과도 안 했어요. 한결이를 다치게 하려고 밀친 건 아니에요.

> 피구 시합 당시 저는 강우의 작전이 무리한 작전이라고 생각했어요. 시합은 다 같이 한 건데, 끝나고 제 잘못이라고 몰아붙이니까 화가 났어요. 나중에 강우가 사과했지만, 그때는 사과를 받고 싶지 않았고요.

> 저도 시합에서 진 게 속상하지 않은 건 아니지만, 다음 시합을 위해서 새로운 작전을 짜는 게 중요한 거잖아요. 그런데 강우나 한결이 모두 제 말을 들어주지 않고, 서로 화해도 하지 않아 화가 났어요.

 너희들 생각은?

화해를 위한 판결문

본 판사는 재판에 참여한 친구들(강우, 한결, 서연)의 입장을 모두 듣고, 친구들의 우정을 지킬 수 있는 방법으로 다음과 같은 방법을 제안합니다.

방법 1
_____

방법 2
_____

200만 부 판매 돌파!

AI시대 미래 토론

✓ 뭉치북스가 만든 국내 최초 토론책! ✓ 초등 국어
✓ 한국디베이트협회와 교

- 01 함께 사는 로봇
- 02 원시인도 모르는 공룡
- 03 더 멀리 더 높이 더 빨리 스포츠 과학
- 04 까만 우주 속 작은 별
- 05 노벨도 깜짝 놀란 노벨상
- 06 지켜라! 멸종 위기의 동식물
- 07 도로시의 과학 수사대
- 08 살아 있는 백두산
- 09 콜록콜록! 오늘의 황사 뉴스
- 10 앗! 이런 발명가, 와! 저런 발명품
- 11 아낄수록 밝아지는 에너지
- 12 과학 Cook! 문화 Cook! 음식의 세계
- 13 과학을 훔친 수상한 영화관
- 14 끝없이 진화하는 무서운 전염병
- 15 지구 온난화와 탄소배출권
- 16 먹을까? 말까? 먹거리 X파일
- 17 우리 몸을 흐르는 피와 혈액형
- 18 진짜? 가짜? 가상현실과 증강현실
- 19 두근두근 신비한 우리 몸속 탐험
- 20 우리를 위협하는 자연재해
- 21 봄? 가을? 경계가 모호해지는 사계절
- 22 세균과 바이러스 꼼짝 마! 약과 백신
- 23 생태계의 파괴자? 외래 동식물
- 24 콸콸콸~ STOP!!! 우리나라가 위험해요. 소중한 물
- 25 오늘도 나쁨! 작아서 더 무서운 미세먼지
- 26 식량 위기에서 인류를 구할 미래 식량
- 27 썩지 않는 플라스틱! 지구와 인간을 병들게 하는 환경 호르몬
- 28 나와 똑같은 또 다른 나, 인간 복제
- 29 미래의 디지털 첨단 의료
- 30 땅속 보물을 찾아라! 지하자원과 희토류
- 31 농사일부터 우주 탐사까지, 미래는 드론 시대
- 32 알쏭달쏭 미지의 세계, 뇌
- 33 얼마나 작아질까? 어디까지 발달할까? 나노 기술과 첨단 세계
- 34 찾아라! 생명체가 살 수 있는 또 다른 별, 제2의 지구
- 35 배울수록 더 강해지는 인공 지능
- 36 창조론이냐? 진화론이냐? 다윈이 들려주는 진짜진짜 진화론
- 37 모두모두 소중한 생명! 멈춰요 동물 실험
- 38 유해할까? 유용할까? 생활 속 화학 물질
- 39 46억 년의 비밀, 생명을 살리는 지구
- 40 과학자가 가져야 할 덕목, 과학자 윤리와 책임

이 공부다!
인재를 위한 교과서

과학토론왕
과학토론왕 40권 + 독후활동지 40권
전 80종 / 정가 580,000원

사회토론왕
사회토론왕 40권 + 독후활동지 40권
전 80종 / 정가 580,000원

- 한우리 추천도서
- 경향신문 추천도서
- 경기도 초등토론 교육연구회 추천
- 경기도 지부 독서 골든벨 선정도서
- 환경정의 어린이 환경책 권장도서
- 한국 아동문학인협회 우수도서
- 학교도서관 사서협의회 추천도서

서 선정 도서! ✓활용 만점 독후 활동지 각 권 제공!
전문가들이 강력 추천한 책!

- 01 우리 땅 독도
- 02 생활 속 24절기
- 03 세계를 담은 한글
- 04 정정당당 선거
- 05 우리의 유네스코 세계 유산
- 06 좋아? 나빠? 인터넷과 스마트폰
- 07 함께라서 좋아! 우리는 가족
- 08 한민족, 두 나라 여기는 한반도
- 09 너도 나도 똑같이 생명 존중
- 10 돈 나와라 뚝딱! 경제 이야기
- 11 시골시골 지구촌 민족 이야기
- 12 앗! 조심해! 나를 지키는 안전 교과서
- 13 바람 잘 날 없는 지구촌 국제 분쟁
- 14 믿음과 분쟁의 역사 세계의 종교
- 15 인공 지능으로 알아보는 미래 유망 직업
- 16 지역 이기주의 님비 현상
- 17 더불어 사는 다문화 사회
- 18 함께 사는 세상 소중한 인권
- 19 세계를 사로잡은 문화 콘텐츠 한류
- 20 변치 않는 친구 반려동물
- 21 왕따는 안 돼! 우리는 소중한 친구
- 22 여자? 남자? 같은 것과 다른 것! 성과 양성평등
- 23 모두가 행복한 착한 초콜릿, 아름다운 공정 무역
- 24 우리는 이웃사촌! 함께 사는 사회
- 25 틀린 게 아니라 다른 거라고? 글로벌 에티켓
- 26 신통방통 지혜가 담긴 우리의 세시 풍속과 전통 놀이
- 27 출발, 시간 여행! 유네스코 세계 문화유산
- 28 아이는 줄고 노인은 늘고! 달라지는 인구
- 29 우리는 하나! 세계로! 미래로! 통일 한국
- 30 레벨업? 섯다운? 슬기로운 게임 생활, 벗어나요 게임 중독
- 31 살아 있어 행복해! 곁에 있어 고마워! 소중한 생명
- 32 나도 크리에이터! 시끌벅적 1인 미디어 세상
- 33 뚜아뚜아별의 법을 부활시켜라! 생활 속 법 이야기
- 34 하늘·땅·바다 어디서나 조심조심! 어린이를 위한 교통안전
- 35 함께 만들어요! 함께 누려요! 모두의 사회 복지
- 36 위아더월드, 도움의 손길이 필요해요. 세계 빈곤 아동
- 37 환경 덕후 오송사가 간다, 지켜라! 지구 환경
- 38 전쟁 NO! 평화 YES! 세계를 이끄는 힘, 국제기구
- 39 더 멀리, 더 빠르게! 미래 교통과 통신
- 40 알아서 척척, 똑똑한 미래 도시, 꿈의 스마트 시티

서울시 교육청 추천도서 | 경기도 사서협의회 추천도서 | 한국교육문화원 추천도서 | 아침독서 추천도서

수학이 쉬워지고, 명작보다 재미있는
뭉치수학왕

100만 부 판매 돌파!

정부 기관 선정 우수 도서'를 많이 수상한 믿을 수 있는 시리즈!

뭉치 수학왕 시리즈는 미래의 인재로 키워 줘.

"인공지능(AI) 시대의 힘은 수학에서 나온다!"

개념 수학

《수와 연산》
1. 양치기 소년은 연산을 못한대
2. 견우와 직녀가 분수 때문에 싸웠네
3. 가우스, 동화 나라의 사라진 0을 찾아라
4. 가우스는 소수 대결로 마녀들을 물리쳤어
5. 앨런, 분수와 소수로 악당 히들러를 쫓아내라
6. 약수와 배수로 유령 선장을 이긴 15소년

《도형》
7. 헨젤과 그레텔은 도형이 너무 어려워
8. 오일러와 피노키오는 도형 춤 대회 1등을 했어
9. 오일러, 오즈의 입체도형 마법사를 찾아라
10. 유클리드, 플라톤의 진리를 찾아 도형 왕국을 구하라
11. 입체도형으로 수학왕이 된 앨리스

《측정》
12. 쉿! 신데렐라는 시계를 못 본대

13. 알쏭달쏭 알라딘은 단위가 헷갈려
14. 아르키는 어림하기로 걸리버 아저씨를 구했어
15. 원주율로 떠나는 오디세우스의 수학 모험

《규칙성》
16. 떡장수 할머니와 호랑이는 구구단을 몰라
17. 페르마, 수리수리 규칙을 찾아라
18. 피보나치, 수를 배열해 비밀의 방을 탈출하라
19. 비례배분으로 보물섬을 발견한 해적 실버

《자료와 가능성》
20. 아기 염소는 경우의 수로 늑대를 이겼어
21. 파스칼은 통계 정리로 나쁜 왕을 혼내 줬어
22. 로미오와 줄리엣이 첫눈에 반할 확률은?

《문장제》
23. 개념 수학-백점 맞는 수학 문장제①
24. 개념 수학-백점 맞는 수학 문장제②
25. 개념 수학-백점 맞는 수학 문장제③

융합 수학

26. 쌍둥이 건물 속 대칭축을 찾아라(건축)
27. 열차와 배에서 배수와 약수를 찾아라(교통)
28. 스포츠 속 황금 각도를 찾아라(스포츠)
29. 옷과 음식에도 단위의 비밀이 있다고?(음식과 패션)
30. 꽃잎의 개수에 담긴 수열의 비밀(자연)

창의 사고 수학

31. 퍼즐탐정 썰렁홈즈①-외계인 스콜피오스의 음모
32. 퍼즐탐정 썰렁홈즈②-315일간의 우주여행
33. 퍼즐탐정 썰렁홈즈③-뒤죽박죽 백설 공주 구출 작전
34. 퍼즐탐정 썰렁홈즈④-'지지리 마란드러' 방학 숙제 대작전
35. 퍼즐탐정 썰렁홈즈⑤-수학자 '더하길 모테'와 한판 승부
36. 퍼즐탐정 썰렁홈즈⑥-설국언차 기관사 '어러도 달리능기라'
37. 퍼즐탐정 썰렁홈즈⑦-해설 및 정답

수학 개념 사전

38. 수학 개념 사전①-수와 연산
39. 수학 개념 사전②-도형
40. 수학 개념 사전③-측정·규칙성·자료와 가능성

독후 활동지

본책 40권+독후 활동지 7권
정가 580,000원